AF509819

LE PARFAICT
MACQVEREAV
SVIVANT LA COVR,

Contenant vne Histoire nouuellement
passee à la Foire de sainct Germain.

Entre vn Grand, & l'vne des plus notables &
Renommees Courtisannes de Paris.

1622.

LE PARFAICT
MACQVEREAV
SVIVANT LA COVR,

Contenant vne Histoire nouuellement
passee à la foire de S. Germain, Entre
vn Grand, & l'vne des plus notables
& renommees Courtisannes
de Paris.

Deuriez vous pas donc Magde-
laine,
Ainsi qu'on void vne Panteine
Des beccasses serrer le cous,
Aussi serrer entre vos cuisses
Les ceruelats, & les saucisses,
Qui se meurent cent fois pour vous.

Les saucissons dedans Bolongne,
Ne portent point si bonne trongne,
Que fait le vit d'un Cauallier:
Ny les andouilles de Troye,
Ny l'anguille, ny la lamproye,
N'égalent point ce doux gibier.

C'est un Caualier sans reproche,
Dur au combat comme une roche:
Hà ie l'ay dit, n'en dites mot,
Son espee est de bonne trempe,
Son vit ardent comme une lampe,
Ou un cheual qui va le trot.

Je le sçay bien (dites nous belle)
Qu'il a une bonne alumelle:
Mais ie crains que comme le cocq
Apres l'auoir fait, le publie,
Qu'à tout le monde il ne le die,
Alors que deussendrois mon noc. CON.

Vous estes vne fine buse,
Son vit n'est pas vne harquebuse,
Qui deschargeant meine du bruict,
Il est muet comme vne carpe,
Et l'on ne sent presque l'escarpe
De cet esprit qui va de nuict.

Les bestes qui ne sont tant belles,
Que vous dites, s'en passent elles?
Nenny par bleu, les morpions
Et toute autre petite beste,
Comme puces, & poux de teste,
Picquent ainsi que des lions.

Vn leurier sur vne leurette,
Roidement tire sa brayette,
Comme Robert sur Alizon
Et crois, que tous pareils nous sommes
A ces bestes, fors que nous hommes
Auons vn peu moins de raison.

Iamais beſte ne ſe pollue,
Mais vne femme diſſolue
Se façonne vn gaudemiſi,
Qui la ſouille, fouille, farfouille,
Et chatouille, comme l'andouille
D'vn homme, qui foutroit ainſi.

C'eſt trop nous dõner d'eaux beniſtes,
Vous le dites, vous le dédités,
Vous donneʒ l'aſſignation,
L'heure venue on s'y tranſporte,
Mais l'on ne baiſe que la porte,
Au lieu de vous baiſer le con.

L'autre iour i'aguettois mon maiſtre,
Sifflant deuant voſtre feneſtre,
Ie me penſois, tout en eſt dit,
I'haraſſois d'aiſe en ma chemiſe,
Me penſant qu'il vous auoit priſe
A la pointe de ſon beau vit.

Vous estes vne marte sublime,
Gaufridi ne sceut point l'escrime,
Si bien que vous, le Latin:
Et plus gros que deux Breuiaires
Vous auez faict des Commentaires
Des postures de l'Aretin.

Vous auez, sçauante portefesse,
Publiquement par tout la Bresse,
Monstré de arte amandi,
Soubs le signe d'vne brayette:
Venus qui fut voftre planette,
Vous fit naistre le Vendredi.

Vous le faisiez pour vne pomme,
Iadis en Bresse auec vn homme:
Maintenant vous n'auez égards,
Ma belle, à cinquante pistoles,
Vous qui n'auiez autres paroles,
Que qui en veut pour deux liards.

Vous sçauez si Monsieur en manque,
Et si sa bourse est une banque,
Où vous pouuez à cent pour cent,
Comme les Iuifs, faire l'vsure
Vostre con est de fine bure,
Puisqu'il est tant vendu d'argent.

Pendant que cet Hyuer nous dure,
Monsieur voudroit de cette bure
Faire à son vit vn balandran:
Il luy seroit fort bon, me semble,
Car quelquesfois ce beau vit tremble
Comme l'esguille d'vn cadran.

Vostre con est doublé d'hermine,
On en feroit vne Hongreline
A son beau vit, ou vn robon:
Mais il faudroit que la peluche
Vn peu deuant l'on épeluche,
Pour en oster le morpion.

Ce Canalis

Ce Caualier a tant d'addreſſes,
D'enchantemens, (&) de proueſſes,
Que dans le nid des paſſereaux
Il va beſongner la femelle,
Si finement qu'il ne reſueille,
Ny le pere, ny les oyſeaux.

Voſtre con a vne languette,
Et cependant ell' eſt muette,
Monſieur eſt tel que voſtre con,
Car bien qu'il aye vne languette,
Ce n'eſt pour eſtre la trompette
De l'affaire de queſtion.

B

COMPLAINCTE SVR
le succés de l'histoire dont est question.

Hé Dieu, helas! hé Dieu, que l'hŏme
  Pour auoir mangé d'vne pomme,
Porte de maux deſſus les reims,
Tout comme nous picquent les beſtes,
Et n'ont iamais, veroles, peſtes,
Chaudepiſſes, chancres & poulins.

I'ay vcu des chiens plus de dix mille,
Leſquels foutaillent file à file,
D'vne ſeule chienne le con:
Mais pour cinq cens mille eſtocades,
Ils n'en furent iamais malades
Tant qu'ils le trouue touſiours bon.

Encore les chiens ont l'aduentage,
Qu'entrant dedans leur bordelage,
Ils ne payent pas vn douſain:
Nous autres donnons la piſtole,
Et n'en auons que la verole,
Souuentefois pour noſtre bien.

Marchant qui perd ne peut pas rire,
Viença laquais & va-t'an dire
A ſoufreteux ce Medecin.
Qu'il vienne voir mon pauure vit,
Qui ne peut plus leuer la teſte,
Tant à preſent il eſt maudit.

Ie ſens deſia monter mon aſne,
Sanglé d'vne vieille ſotanne,
L'houſe de l'Eueſque Turpin.
Et dont les bords bordez de fanges,
Penſoient trouuer dix mil franges,
Qui pendilloient ſur l'eſcarpin.

Vn grand chappeau de Iesuitte,
Greſſe du ſuc de la marmitte,
Couuroit ſon percoranium,
Dorlotant vne longue barbe,
Dont le parfum eſt de rhubarbe,
De coloquinte & d'opium.

Sa langue de ſuppoſitoire,
Plus aigue qu'vne lardoire.
Dieu ſoit ceans diſoit alors,
Ce nez rouge comme eſcreuiſſe,
Dieu ſoit ceans, la chaudepiſſe,
Tout bas diſois-ie & vous dehors.

Que ie meure vas de la corde,
Si i'nrendois point ſon exorde,
Moins encore ſa narration,
Car ce Docteur en Medecine,
Eſcorche la langue Latine
Comme vn Boucher fait vn mouton,

Il se hausse, puis il se guinde,
Ne pl° ne moins qu'vn grãd cocq d'inde
Et iugeriez parfaictement
Que faussant les destinees,
Il veut tenir les grands iournees,
Quand il parle du iugement.

Ego iuro, par la sauatte,
Et la crepide d'Hippocrate,
Ie le cognosce il est certain,
A cette iaune subucule,
Qu'auez planté vostre mantule
Dedans le con d'vne putain.

Mes boyaux ronflent de colere
Ie sens desia la casse amere
Iouer de l'espee à deux mains:
Garde le coup d'estoc de tailles,
Pour desboüiller iusques aux entrailles
Milles sortes d'humeurs vilains.

Tant plus ie pousse, moins il entre.
Tout coule, tout roule du ventre,
Vuidant ma cause sans appel,
Lors ie faisois vne grimasse
Comme vn demon, que l'on terrasse.
Dessous les pieds d'vn sainct Michel.

Iamais, iamais ie n'y retourné,
Ie le proteste sur la corne.
Du plus grand cocu de Paris:
Car le renard finet & sage
Pris deux fois au mesme passage
Au troisiesme n'est iamais pris.

Vne putain qui pour ce tiltre,
A mille fois porté la Mitre
Par tous les lieux, aux carefours,
Me la donna pour mon espisse:
N'estois ie pas vn vray iocrisse
De contenter là mes amours?

Cependant cette putain sale,
Faisou de la Vierge Vestale,
Et a plus brinbalé de couts
Que tous les gueux de l'Allemagne,
De France, Italie, & d'Espagne,
A l'hospital n'ont pris de poux.

Son corps à plus soustenu d'homme
Que toutes les putains de Romme,
Et plus mutilé de couillons,
Que Venise n'a de pistoles
Et a donné plus de verolles
Que l'Occean n'a de sablons.

O trou remply de chaudepisse,
Tu es le trou de sainct Patrisse,
Qu'Irlande tient en ses confins;
Car tu as pour lieux miserables
Dix milles legions de diables,
Pleins de peste & de venins.

Que tes paillards les plus lubriques,
Ayent leur vit long comme picques
D'vn fin acier, trenchant aigu,
Transperçant comme des aiguilles,
Pour te rompre des spopondrilles,
Et les nerfs qui bandent ton cu.

Mes beaux souhaits ne seroiët fables
Mais ie sçay bien que tous les Diables
De l'emporter font du refu,
Craignant d'auoir la chaudepisse
Disant qu'ils ont sans le surplus
Assez de feuz au poil du cu.

F I N.

www.ingramcontent.com/pod-product-compliance
Lightning Source LLC
LaVergne TN
LVHW021602170726
843501LV00010B/3829